PowerPoint 2021には、手軽に利用できるテーマ（スライドのデザイン）が30種類
以上も用意されています。以下に、いくつかの例を紹介しておくので、テーマを
指定するときの参考としてください。

※巻末へ続く

■ ファセット

■ クォータブル

■ シャボン

■ トリミング

ステップ**30**

留学生のための

Power Point
2021 ワークブック

も く じ

Contents

◆サンプルファイルと演習で使うファイルのダウンロード

本書で紹介したサンプルファイル、ならびに演習で使用する画像ファイルは、以下のURL
からダウンロードできます。

https://cutt.jp/books/978-4-87783-857-7/

5

Step 01 タイトル スライドの作成

PowerPointは、発表用のスライドを作成できるアプリケーションです。ステップ01では、PowerPointの概要、起動方法、タイトル スライドの作成について学習します。

1.1　PowerPointの役割

用語解説

プレゼンテーション
発表のことを「プレゼンテーション」と呼ぶ場合もあります。

　研究成果や事業計画などを発表するときは、**スライドを提示**しながら内容を説明していくのが一般的です。もちろん、「発表用のスライド」は事前に作成しておく必要があります。このような場合に活用できるアプリケーションがPowerPointです。

　PowerPointを使うと、**画像**や**表**、**グラフ**、**図表**などを含むスライドを手軽に作成できます。さらに、**配布資料**、発表時に読み上げる**原稿**などもPowerPointで作成できます。

1.2　PowerPointの起動

　それでは、PowerPointの具体的な使い方を解説していきましょう。まずは、PowerPointを起動するときの操作手順を解説します。

ワンポイント

すべてのアプリ
「PowerPoint」のアイコンが表示されていない場合は、[すべてのアプリ] をクリックし、アプリの一覧から「PowerPoint」を選択します。

スタートメニューを開き、「PowerPoint」のアイコンをクリックします。

1.3 PowerPointの起動画面

PowerPointを起動すると、以下の図のような画面が表示されます。ここで「新しいプレゼンテーション」をクリックすると、何も入力されていない白紙のスライドが画面に表示されます。

起動直後の画面

1.4 タイトル スライドの作成

まずは、1枚目のスライドとなるタイトル スライドを作成します。「○○を入力」と表示されている領域をクリックし、発表する内容のタイトル（表題）とサブタイトル（副題）を入力します。

「タイトルを入力」と
表示されている領域
をクリックします。

タイトルの領域にカーソルが表示されるので、キーボードを使ってタイトルの文字を入力します。

タイトルを入力

「サブタイトルを入力」と表示されている領域をクリックし、サブタイトルを入力します。サブタイトルがない場合は、ここに氏名や所属などを入力しても構いません。

サブタイトルや
氏名、所属などを入力

以上で、タイトルスライドの作成は完了です。スライド上の余白をクリックし、領域の選択を解除します。

余白をクリック

1.5 入力した文字の修正

　スライドに入力した文字は、いつでも自由に修正できます。文字を修正するときは、その領域をクリックし、キーボードとマウスを使って文字を編集します。

文字をクリックすると、その領域内にカーソルが表示されます。続いて、マウスやキーボードを使って文字を修正していきます。

クリックして文字を修正

1.6 以降のスライド編集について

　作成したタイトル スライドは、背景が白一色のスライドになります。これを見栄えよくデザインする方法は、本書のステップ05で詳しく解説します。また、2枚目以降のスライドを作成していく必要もあります。この操作手順については、ステップ04で詳しく解説します。

PowerPointには、30種類以上のテーマが用意されています。これらのテーマを適用すると、スライド全体のデザインを簡単に変更できます（詳しくはステップ05で解説）。

演習

（1）PowerPointを起動し、以下の文字で**タイトル スライド**を作成してみましょう。

　　　　　タイトル：**スマートフォンの研究**
　　　　サブタイトル：**普及率とリサイクルについて**

（2）スライドのタイトルを「**スマートフォンの現状**」に修正してみましょう。

ファイルの保存と読み込み

PowerPointで作成したスライドは、ファイルに保存して管理します。続いては、スライドをファイルに保存する方法と、保存したファイルを読み込む方法について解説します。

2.1　スライドをファイルに保存

作成したスライドをファイルに保存するときは、[ファイル]タブを選択し、以下のように操作します。

[ファイル]タブを選択します。

「名前を付けて保存」を選択します。続いて、「参照」をクリックします。

①保存先フォルダーを指定

保存先を指定し、ファイル名を入力します。続いて、［保存］ボタンをクリックすると、スライドをファイルに保存できます。

②ファイル名を入力

③クリック

2.2 保存したスライドをPowerPointで開く

ファイルを保存できたら、いちどPowerPointを終了し、ファイルを正しく開けるか確認してみましょう。保存したファイルのアイコンを**ダブルクリック**すると、そのファイルをPowerPointで開くことができます。

保存先フォルダーを開くと、PowerPointのファイルを確認できます。このアイコンをダブルクリックします。

ダブルクリック

新店舗の出店概要

○○トレーニング株式会社

PowerPointが起動し、スライドが画面に表示されます。

2.3 ファイルの上書き保存

スライドに何らかの変更を加えたときは、ファイルの**上書き保存**を実行して、ファイルを更新しておく必要があります。この操作は、[**ファイル**]タブを選択し、「**上書き保存**」をクリックすると実行できます。

☞ ワンポイント

[Ctrl]+[S]キー
上書き保存の操作をキーボードで行うことも可能です。この場合は、[Ctrl]キーを押しながら[S]キーを押します。便利な操作方法なので、ぜひ覚えておいてください。

2.4 OneDrive について

ファイルを OneDrive に保存することも可能です。OneDrive は、マイクロソフトが提供する無料のクラウド ストレージで、インターネット上にファイルを保存できるサービスです。自分のパソコンだけでなく、学校にあるパソコンでもスライドを利用したいときは、OneDrive にファイルを保存しておくとよいでしょう。

※ OneDrive を利用するには、Microsoft アカウントでサインインしておく必要があります。

2.5 自動保存について

　OneDriveにファイルを保存すると**自動保存**が「オン」になり、自動的に**上書き保存**が実行されるようになります。このため、自分で上書き保存を実行しなくても「常に最新の状態」にファイルを保つことができます。

自動保存が「オン」になる

　ただし、操作ミスをしたときも自動保存が実行されることに注意してください。たとえば、誤操作により文字などを削除してしまうと、その文字を削除した状態でファイルの上書き保存が実行されます。このようなトラブルを避けるには**自動保存を「オフ」**にして、自分で上書き保存するように設定を変更しておくと確実です。

クリックして自動保存を「オフ」にする

演　習

（1）タイトルに「**スマートフォンの現状**」、サブタイトルに「**普及率とリサイクルについて**」と入力したタイトルスライドを作成し、**ファイルに保存**してみましょう。

（2）いちどPowerPointを終了したあと、**演習（1）**で保存したファイルをダブルクリックしてスライドを開いてみましょう。

（3）サブタイトルを「**保有率とリサイクルについて**」に変更し、**上書き保存**してみましょう。

PowerPointの画面構成

ステップ03では、PowerPointの画面構成について解説します。タブの切り替え、スライドの拡大／縮小などをスムーズに行えるように、各部の名称と基本的な操作手順を学習してください。

3.1 PowerPointの画面構成

PowerPointの画面は以下の図のような構成になっています。ウィンドウの上部に**タブ**と**リボン**、ウィンドウの左側に**スライド一覧**が表示されています。ウィンドウ中央には編集中のスライドが表示されます。また、ウィンドウ下部にある「ノート」をクリックすると、発表用原稿などを記入できる**ノート**の領域を表示できます。

ワンポイント

リボンの表示
リボンに表示されるコマンドは、ウィンドウの幅に応じて配置が変化します。ウィンドウの幅を小さくすると、アイコンだけの表示になったり、折りたたんで表示されたりすることに注意してください。

◆タブ
ここで大まかな操作内容を指定します。選択したタブに応じてリボンの表示が変化します。なお、ファイルの保存や印刷などを行うときは［ファイル］タブを選択します。

◆リボン
さまざまな操作コマンドが表示される領域です。ここに表示される内容は、選択しているタブに応じて変化します。

◆スライド一覧
作成したスライドが一覧表示されます。編集するスライドを選択したり、スライドの順番を並べ替えたりするときに利用します。

◆スライドの編集画面
編集中のスライドが表示されます。スライドを作成するときは、ここでスライドの内容を確認しながら作業を進めていきます。

◆ノートの領域
編集しているスライドのメモを記述できる領域です。発表時に読み上げる原稿の作成場所として利用できます。ウィンドウ下部にある「ノート」をクリックして表示／非表示を切り替えます。

3.2　タブの選択とリボンの表示

　リボンに表示されるコマンドは、選択しているタブに応じて変化します。このため、実際に操作するときは、「タブで大まかな操作を選択」→「リボンで操作コマンドを選択」という手順で作業を進めていきます。

［挿入］タブを選択したときのリボンの表示

［デザイン］タブを選択したときのリボンの表示

3.3 表示倍率の変更

編集しているスライドの表示倍率を変更することも可能です。表示倍率を変更するときは、ウィンドウの右下にあるズームを操作します。

10% 縮小
10% 拡大
左右にドラッグして倍率を指定
ウィンドウに合わせてスライドを表示

小さい文字を編集するときは、スライドの表示倍率を拡大すると作業を進めやすくなります。元の表示倍率に戻すときは 🔲 をクリックします。すると、表示倍率が自動調整され、ウィンドウのサイズに合わせてスライド全体が表示されます。

スライドの拡大表示

スライド全体の表示

スライド一覧の表示を拡大／縮小することも可能です。この場合は、「スライド一覧」と「スライドの編集画面」を区切る枠線を左右にドラッグします。

スライド一覧の拡大表示

3.4 表示方法の指定

PowerPointには4種類の表示方法が用意されています。これらの表示方法は、ウィンドウの右下にある4つのアイコンで切り替えます。

◆ 標準
標準的な表示方法です。スライドを編集するときは、この表示方法で作業を進めていきます。

◆ スライド一覧
作成したスライドを一覧表示できます。

◆ 閲覧表示
ウィンドウ全体にスライドを1枚ずつ表示します。スライドショーの動作をウィンドウ内で確認する場合などに利用します。

◆ スライドショー（ステップ23で詳しく解説）
作成したスライドを1枚ずつ画面全体に表示します。この表示方法は、実際に発表するときに利用します。

演習

（1）PowerPointを起動し、［挿入］〜［ヘルプ］タブを順番に選択してみましょう。

（2）**ステップ02の演習（3）**で保存したファイルを開き、スライドの**表示倍率を150%**に拡大してみましょう。その後、**元の表示倍率**に戻してみましょう。

Step 04 スライドの追加と箇条書き

ここからは、2枚目以降のスライドを作成する方法を解説していきます。まずは、スライドを追加する方法と、箇条書きの文章を入力する方法を学習します。

4.1 ファイルに保存されるスライド

　実際に発表するときは、タイトルスライドに続けて「目的」や「概要」、「調査方法」、「調査結果」、「結論」などのスライドを順番に示しながら発表内容を説明していきます。このため、スライドを何枚も作成しておく必要があります。

　作成したスライドは、1つのファイル（プレゼンテーションファイル）にまとめて保存します。この作業を行うにあたって、特別な操作は何もありません。P12で解説したように**上書き保存**を実行するだけで、すべてのスライドを1つのファイルにまとめて保存できます。

スライド構成の例

4.2 新しいスライドの追加

　新しいスライドを追加するときは、［ホーム］タブにある「新しいスライド」をクリックし、以下のように操作します。

［ホーム］タブにある「新しいスライド」のアイコンをクリックします。

新しいスライドが追加されるので、「タイトルを入力」と表示されている領域をクリックします。

①スライドが追加される

タイトルを入力 — ②クリック

• テキストを入力

「スライドのタイトル」を入力

キーボードを使って「スライドのタイトル」を入力します。

4.3 コンテンツの領域の文字入力

新しく挿入したスライドには、コンテンツと呼ばれる領域が用意されています。続いては、この領域に文字を入力するときの操作手順を解説します。

「テキストを入力」と表示されている部分をクリックします。

出店概要   クリック

• テキストを入力

「コンテンツの領域」にカーソルが表示されるので、キーボードを使って文字を入力していきます。続いて、［Enter］キーを押すと…、

文章が改行され、次の行の先頭に行頭文字が表示されます。

同様の手順で、スライドに文字（箇条書き）を入力していきます。［Enter］キーだけを入力して行間を調整することも可能です。

4.4 箇条書きのレベルの変更

　「箇条書き」のレベルを変更して階層構造にすることも可能です。「箇条書き」のレベルを変更するときは、次ページのように操作します。

レベルを変更する段落内にカーソルを移動し、(インデントを増やす)をクリックします。

②クリック

①カーソルを移動

「箇条書き」が1つ下のレベルに変更されます。を2回クリックすると、さらに下のレベルに変更できます。

下位レベルの「箇条書き」になる

さらに下位レベルの「箇条書き」

ワンポイント

レベルを元に戻す
元のレベル(1つ上のレベル)に戻すときは、その段落内にカーソルを移動し、(インデントを減らす)をクリックします。

演習

(1) ステップ02の演習(3)で保存したファイルを開き、新しいスライドを追加してみましょう。
(2) 追加したスライドに以下の文章を入力し、「箇条書き」のレベルを変更してみましょう。
《作業後、ファイルを上書き保存しておきます》

スマートフォンの特長

- インターネットへの接続
  - SNSの利用、Webの閲覧、メールの送受信など

- アプリの活用
  - アプリをインストールすることで、さまざまな用途に活用できる

- カメラ、GPS、NFCの搭載
  - 写真・動画の撮影、位置情報、非接触ICカードとしての活用など

◆漢字の読み
特長、接続、利用、閲覧、送受信、
活用、用途、搭載、写真、動画、
撮影、位置、情報、非接触

Step 05 スライドのデザイン

ステップ05では、スライドのデザインを指定する方法を学習します。PowerPointには「テーマ」が用意されているため、スライドのデザインを手軽に指定できます。

5.1 テーマの適用

スライドのデザインを変更するときはテーマを適用します。すると、適用したテーマに合わせてスライドの背景や配色、フォント、文字の配置などが自動調整され、見た目に美しいスライドになります。スライドにテーマを適用するときは、以下のように操作します。

［デザイン］タブを選択し、「テーマ」グループにある ▽ をクリックします。

テーマの一覧が表示されるので、好きなテーマをクリックして選択します。

スライドにテーマが適用さ
れ、スライド全体のデザイ
ンが変更されます。

デザインが変更される

①1枚目を選択

②タイトル スライド専用の
デザインを確認

1枚目のスライドには、
タイトル スライド専用の
デザインが適用されます。

5.2 テーマの変更

　スライドに適用したテーマは、いつでも自由に変更できます。テーマを変更するときは、以下
のように操作します。

「テーマ」グループにある ⋁ を
クリックし、変更後のテーマを
選択します。

「変更後のテーマ」を選択

選択したテーマに応じて、スライドのデザインが変更されます。

テーマが適用され、デザインが変更される

5.3 バリエーションの指定

各テーマには、スライドのデザインをカスタマイズできるバリエーションが用意されています。この機能は、現在のデザインのまま、配色だけを変更する場合などに活用できます。

①いずれかをクリック

配色、フォント、効果、背景を個別に指定

②配色などが変更される

ワンポイント

効果とは？
効果は、影やグラデーションなどを指定できる書式です。効果を指定すると、グラフや図表を装飾できます。

また、「バリエーション」グループにある ⌄ をクリックし、配色やフォント、効果、背景のスタイルを指定することも可能です。デザインをカスタマイズする方法として覚えておいてください。

「バリエーション」の⊡をクリックすると、このようなメニューが表示されます。

「配色」の変更

「フォント」の変更

「背景のスタイル」の変更

演 習

（1）ステップ04の演習（2）で保存したファイルを開き、「インテグラル」のテーマを適用してみましょう。

（2）テーマを「イオン」に変更してみましょう。

（3）「スマートフォンの現状」の文字が1行で表示されるように、タイトルの領域を大きくしてみましょう。

　　※タイトル文字をクリックし、領域の右側にあるハンドルをドラッグします。

（4）バリエーションを使って、配色を「赤」に変更してみましょう。

《作業後、ファイルを上書き保存しておきます》

演習（1）

演習（2）、（3）、（4）

文字の書式指定（1）

続いては、フォントや文字サイズ、文字色といった「文字の書式」を指定する方法を学習します。これらの書式は［ホーム］タブにあるリボンで指定します。

6.1 文字の書式の指定

スライドに**テーマ**を適用すると、デザインに合わせて**フォント**や**文字色**などが自動調整されます。ただし、「文字サイズが小さすぎる」とか、「特定の文字を強調したい」と思う場合もあるでしょう。このような場合は、以下のように操作して「文字の書式」を指定します。

文字をドラッグして選択します。続いて、［ホーム］タブの「フォント」グループで書式を指定します。

②このタブを選択

③ここで書式を指定

①文字を選択

選択していた文字の書式が変更されます。

書式が変更される
（文字サイズの変更）

6.2 フォントの指定

　ここからは、それぞれの書式について解説していきます。まずは、フォントを指定する方法を解説します。フォントを変更するときは、[メイリオ 本文 ▼]（フォント）の ▼ をクリックし、一覧からフォントを選択します。

　フォントは、**日本語フォント**と**欧文フォント**の2種類があります。このうち、欧文フォントは半角文字だけに適用できるフォントとなります。全角文字に対して欧文フォントを指定することはできません。

6.3 文字サイズの指定

　文字サイズを変更するときは、[18 ▼]（フォント サイズ）の ▼ をクリックし、一覧から文字サイズを選択します。また、このボックス内に数値を直接入力して文字サイズを指定することも可能です。

6.4 文字の書式の一括指定

「コンテンツの領域」にある文字の書式をまとめて指定するときは、すべての文字を選択した状態で［ホーム］タブを操作します。このとき、A˄（フォント サイズの拡大）や A˅（フォントサイズの縮小）をクリックして、「現在の文字サイズ」を基準に、文字サイズを段階的に変化させることも可能です。

6.5 文字色の指定

文字色を指定するときは、A（フォントの色）の˅をクリックし、一覧から色を選択します。ここで「その他の色」を選択すると、「色の設定」ウィンドウが表示され、好きな色を指定できるようになります。

「色の設定」ウィンドウ

6.6 テーマとフォント、文字色の関係

テーマを変更すると、それに応じてフォントや文字色が自動的に変更されます。ただし、自分で指定した書式は、その例外となる場合があります。テーマに応じて変化するのは「テーマのフォント」と「テーマの色」だけです。それ以外は、テーマに関係なく、指定したフォントや文字色がそのまま引き継がれます。

テーマに応じて
変化するフォント

テーマに応じて
変化する文字色

演習

（1）ステップ05の演習（4）で保存したファイルを開き、2枚目のスライドの「コンテンツの領域」の文字サイズを2段階大きくしてみましょう。
　　※すべての文字を選択し、A^（フォント サイズの拡大）を2回クリックします。
　　※右側のハンドルをドラッグし、すべての行が1行で表示されるようにサイズを調整します。
（2）「SNS」、「Web」、「GPS」、「NFC」のフォントを「Arial」に変更してみましょう。
（3）「SNS」、「Web」、「メール」の文字色を「オレンジ」に変更してみましょう。
　　《作業後、ファイルを上書き保存しておきます》

文字の書式指定（2）

PowerPointには、太字／斜体／下線／影や蛍光ペンといった「文字の書式」も用意されています。続いては、これらの書式を指定する方法について解説します。

7.1 太字、斜体、下線、影などの指定

PowerPointには、文字を太字や斜体にしたり、下線や影を付けたりする書式も用意されています。これらの書式を指定するときは、［ホーム］タブにある以下のアイコンをクリックします。各アイコンをクリックするごとに、その書式のON／OFFが切り替わります。

各書式の例

7.2 蛍光ペン

　「蛍光ペン」を使って文字を強調することも可能です。文字を選択した状態で（蛍光ペンの色）の▾をクリックし、ペンの色を選択すると、文字の背景に色を付けることができます。

7.3 アルファベットの大文字と小文字

　スライドに適用したテーマによっては、すべてのアルファベットが大文字で表記される場合もあります。これを小文字に戻したいときは、その文字を選択した状態でAa（文字種の変換）を指定します。

すべて大文字で表記された英単語　　　　　　　　「文の先頭文字を大文字にする」を指定した場合

7.4 すべての書式をクリア

文字の書式指定をやり直したいときは、文字を選択した状態で A◇（すべての書式をクリア）を
クリックします。すると、自分で指定した書式がすべて解除され、「最初の状態」に戻ります。

7.5 「フォント」ウィンドウの活用

文字を選択した状態で、「フォント」グループにある ⊿ をクリックすると、「フォント」ウィ
ンドウが表示されます。このウィンドウを使って「文字の書式」を指定することも可能です。

「フォント」ウィンドウの［フォント］タブには、次ページに示した「文字の書式」が用意され
ています。「H_2O」や「x^2」のように、上付きまたは下付きの文字にするときは、ここで書式を指
定します。［文字幅と間隔］タブには、「文字と文字の間隔」を指定する項目が用意されています。

［フォント］タブ

［文字幅と間隔］タブ

演習

（1）ステップ06の演習（3）で保存したファイルを開き、2枚目のスライドにある「**インターネット**」、
「**アプリ**」、「**カメラ、GPS、NFC**」の文字を**太字**にしてみましょう。

（2）「さまざま用途に活用できる」の文字に下線を引いてみましょう。
《作業後、ファイルを上書き保存しておきます》

Step 08 段落の書式指定（1）

ステップ08では「段落の書式」について学習します。行頭文字を変更する、段落の先頭に番号を付ける、などの操作を行うときは、それぞれの段落に対して書式を指定します。

8.1 段落の書式の指定

「段落の書式」を指定するときは、段落内にある文字を選択し、[ホーム]タブの「段落」グループにあるコマンドを操作します。まずは、「段落の書式」を指定するときの基本的な操作手順を解説します。

②このタブを選択

③ここで書式を指定

①段落内の文字を選択

書式を変更する段落を選択します。続いて、[ホーム]タブの「段落」グループにあるコマンドを使って書式を指定します。

書式が変更される（行頭文字の変更）

選択していた段落の書式が変更されます。

8.2 行頭文字の変更

まずは、「箇条書き」の先頭に表示されている**行頭文字**を変更する方法を解説します。行頭文字を変更するときは、☰（箇条書き）の⌄をクリックし、一覧から記号を選択します。

この一覧にある「**箇条書きと段落番号**」を選択すると、以下のような画面が表示され、行頭文字の**サイズ**や**色**を指定できるようになります。また、[**ユーザー設定**]ボタンをクリックして、好きな文字（記号）を行頭文字に指定することも可能です。

「箇条書きと段落番号」ウィンドウ

[ユーザー設定]ボタンをクリックすると、一覧に表示されていない文字（記号）を行頭文字に指定できます。

8.3 行頭文字の削除

各段落の**行頭文字**を削除するときは、▤(**箇条書き**)をクリックして OFF にします。もういちど ▤ をクリックして ON にすると、行頭文字を再び表示できます。

②クリック

行頭文字を削除する段落を選択し、▤(箇条書き)をクリックします。

①段落内の文字を選択

行頭文字が削除される

8.4 段落番号の指定

「1、2、3、……」や「a、b、c、……」などの文字を行頭文字に指定することも可能です。この場合は ▤(**段落番号**)を利用します。

段落番号を指定する段落をまとめて選択します。

段落をまとめて選択

（段落番号）の ∨ をクリックし、番号の種類を選択します。

②番号の種類を選択

ワンポイント

段落番号の削除
段落番号を削除するときは、（段落番号）をクリックしてOFFにします。

段落番号が表示される

行頭文字が段落番号に変更されます。

演習

(1) ステップ07の演習（2）で保存したファイルを開き、2枚目のスライドの第1レベルの行頭文字を■に変更してみましょう。

(2) 第2レベルの行頭文字を□に変更してみましょう。

(3) 第1レベルの行頭文字のサイズを100%、色をオレンジに変更してみましょう。
《作業後、ファイルを上書き保存しておきます》

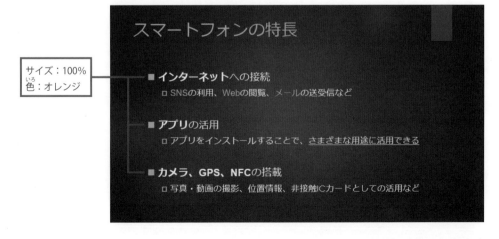

サイズ：100%
色：オレンジ

段落の書式指定（2）

PowerPointには、配置や行間などを指定する「段落の書式」も用意されています。続いては、これらの書式を指定するコマンドと「段落」ウィンドウについて解説します。

9.1 配置の指定

文章を「中央揃え」や「右揃え」で配置するときは、［ホーム］タブにある以下のコマンドを使って段落の配置を指定します。

段落の配置

「左揃え」と「両端揃え」はよく似ていますが、右端の処理方法が異なります。「両端揃え」を指定した場合は、文字と文字の間隔が自動調整され、左端だけでなく、右端も文字が揃えて配置されます。

9.2 行間の指定

各段落の行間を変更するときは、⌷≣（行間）をクリックして間隔を指定します。たとえば「2.0」を指定すると、行間を2倍の間隔に変更できます。

9.3 文字の配置の指定

上下方向について文字の配置を変更したいときは、⊞（文字の配置）をクリックし、一覧から配置方法を選択します。なお、この書式は段落ではなく、「コンテンツの領域」全体に対して指定する書式となります。

☞ ワンポイント

段組みの指定
「コンテンツの領域」を「2段組み」にすることも可能です。この場合は≣（段組み）をクリックし、段数を選択します。

9.4　縦書きの指定

　文章を縦書きで配置することも可能です。文章の向きを変更するときは、（**文字列の方向**）をクリックし、一覧から配置方法を選択します。この書式も「コンテンツの領域」全体に対して指定する書式となります。

9.5　「段落」ウィンドウの活用

　行間などを詳しく指定したいときは、「段落」ウィンドウを利用します。「段落」ウィンドウは、[ホーム] タブの「段落」グループにある ⬒ をクリックすると表示できます。

行間を数値で指定するときは、「固定値」を選択し、ポイント単位で行間を指定します。ここで「段落前後の間隔」を指定することも可能です。

② 行間を入力

① 「固定値」を選択

段落前後の間隔

[体裁] タブでは、「禁則処理」や「ぶら下げ」などを指定できます。

演習

(1) ステップ08の演習 (3) で保存したファイルを開き、2枚目のスライドの最後に「これ以外にも便利な特長がたくさんあります。」という文字を追加してみましょう。
※文字を入力した後、第1レベルの「箇条書き」に変更します。

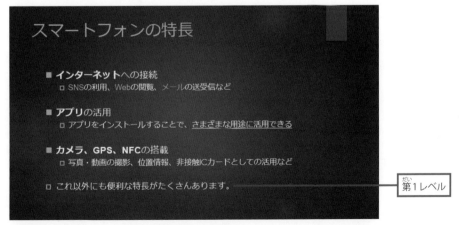

第1レベル

(2) 手順 (1) で入力した段落の**行頭文字**を削除し、文字サイズを「**18pt**」、配置を「**右揃え**」に変更してみましょう。
《作業後、ファイルを上書き保存しておきます》

10

スライド操作と自動調整オプション

ステップ10では、スライドを並べ替えたり、スライドを削除したりする方法を学習します。また、「コンテンツの領域」の自動調整オプションについても解説します。

10.1 スライドの並べ替え

スライドは「発表時に表示する順番」で作成していくのが基本です。とはいえ、途中でスライドの順番を並べ替えたくなる場合もあるでしょう。このような場合は、**スライド一覧でスライドを上下にドラッグ&ドロップ**すると、スライドの順番を並べ替えられます。

10.2 スライドの削除

続いては、スライドを削除する方法を解説します。作成したスライドを削除するときは、そのスライドを**右クリック**し、「**スライドの削除**」を選択します。

① 右クリック

② これを選択

スライドが削除される

10.3 好きな位置にスライドを挿入

　続いては、好きな位置にスライドを挿入する方法を解説します。［ホーム］タブにある「新しいスライド」は、「選択しているスライドの後」にスライドを挿入する機能となります。このため、2枚目のスライドを選択した状態で「新しいスライド」のアイコンをクリックすると、2枚目と3枚目の間に新しいスライドを挿入できます。

② クリック

① スライドを選択

ここにスライドが挿入される

10.4 自動調整オプションについて

　ここからは、「コンテンツの領域」について解説していきます。「コンテンツの領域」には、文字サイズを自動調整する機能が装備されています。このため、「コンテンツの領域」に多くの文字を入力すると、すべての文字が領域内に収まるように、文字サイズが自動調整されます。この自動調整を無効にするときは ⊞（自動調整オプション）をクリックし、「**このプレースホルダーの自動調整をしない**」を選択します。

すべての文字が領域内に収まらないときは、左下に ⊞ が表示されます。このアイコンをクリックすると、自動調整の有効／無効を切り替えられます。

自動調整を無効にすると、「コンテンツの領域」から文字がはみ出して配置されます。この場合、すべての文字が領域内に収まるように、文字サイズを指定しなおす必要があります。

10.5 「コンテンツの領域」の移動とサイズ変更

　「**コンテンツの領域**」のサイズを変更することも可能です。自動調整により文字サイズが小さくなってしまった場合は、領域のサイズを大きくすると、そのぶんだけ文字サイズを大きくできます。

　「コンテンツの領域」のサイズを変更するときは、上下左右や四隅にある**ハンドル**をドラッグします。また、**領域を囲む点線**をドラッグすると、コンテンツの領域の位置を移動できます。

10.6 「コンテンツの領域」を最初の状態に戻す

コンテンツの領域を最初の状態に戻したいときは、［ホーム］タブにある 🔲 （リセット）をクリックします。なお、このコマンドをクリックすると、文字や段落の書式も最初の状態にリセットされます。

━━━━━━━━━ ◆演 習◆ ━━━━━━━━━

（1）**ステップ09の演習（2）で保存したファイルを開き、3枚目のスライド**として以下の図のような スライドを作成してみましょう。
　　※「コンテンツの領域」は、行頭文字を変更し、文字サイズに28ポイントを指定します。

（2）**演習（1）で作成したスライドの順番を2枚目に並べ替えてみましょう。**
（3）**3枚目のスライド**（スマートフォンの特長）を選択し、「**コンテンツの領域」のサイズを上下に** 大きくしてみましょう。
　　《作業後、ファイルを上書き保存しておきます》

Step 11 画像や動画の挿入

ステップ11では、スライドに「画像」や「動画」を配置する方法を学習します。この操作手順は大きく分けて2種類あります。それぞれの違いについても、よく理解しておいてください。

11.1 「コンテンツの領域」に画像を配置

「コンテンツの領域」は画像の配置にも利用できます。画像を配置するときは 🖼 (図) のアイコンをクリックし、以下のように操作します。

①タイトルを入力
②クリック

①フォルダーを指定

画像ファイルを選択し、[挿入] ボタンをクリックします。

②画像ファイルを選択
③クリック

画像が挿入される

「コンテンツの領域」に画像が挿入されます。

11.2 スライドに画像を挿入

すでに「**コンテンツの領域**」に文字を入力している場合は、[**挿入**] タブにある「**画像**」をクリックしてスライドに画像を挿入します。

①このタブを選択
②クリック
③これを選択

[**挿入**] タブにある「**画像**」をクリックし、「**このデバイス**」を選択します。続いて、画像ファイルを選択し、[**挿入**] ボタンをクリックします。

ドラッグで回転
ドラッグで移動
ドラッグでサイズ変更

スライドに画像が挿入されるので、四隅のハンドルをドラッグしてサイズを調整し、画像をドラッグして位置を移動します。

11.3 [図の形式]タブで画像を編集

　スライドに配置した画像をクリックして選択すると、[図の形式]タブを利用できるようになります。このタブを使って画像を加工することも可能です。ここでは、よく使用されるコマンドについて簡単に紹介しておきます。

「修整」をクリックすると、画像のシャープネス（鮮明さ）、明るさ、コントラストを補正できます。

「図のスタイル」の▽をクリックすると、このような一覧が表示されます。この中から好きなデザインを選択し、画像を加工することも可能です。

「トリミング」のアイコンをクリックし、画像の一部だけを切り抜いて掲載することも可能です。

11.4 「コンテンツの領域」に動画を配置

　スライドに動画を挿入することも可能です。動画を挿入するときは、「コンテンツの領域」にある □（ビデオの挿入）をクリックし、以下のように操作します。

 ワンポイント

［挿入］タブの「ビデオ」
すでに「コンテンツの領域」に文字を入力している場合は、［挿入］タブにある「ビデオ」をクリックしてスライドに動画を挿入します。

「コンテンツの領域」に動画が挿入されます。

演　習

（1）「新しいプレゼンテーション」を作成し、2枚目のスライドを以下のように作成してみましょう。
　　※「レトロスペクト」のテーマを適用します
　　※1枚目のスライドは白紙のままで構いません。
　　※画像ファイルは、**https://cutt.jp/books/978-4-87783-857-7/** からダウンロードできます。

Step 12

表の作成と編集（1）

調査結果などを発表するときに、データを表にまとめて示す場合もあります。続いては、スライド（コンテンツの領域）に表を作成するときの操作手順を学習していきます。

12.1 「コンテンツの領域」に表を作成

表を作成するときも「コンテンツの領域」を利用します。この場合は、「コンテンツの領域」にある ▦（表の挿入）をクリックし、列数と行数を指定します。

「コンテンツの領域」にある ▦（表の挿入）をクリックします。

表の列数と行数を指定し、[OK] ボタンをクリックします。

指定した「列数×行数」の表が作成されます。

表が作成される

12.2 表内の文字入力

続いて、作成した表に文字を入力していきます。表内に文字を入力するときは、マウスとキーボードを使って、以下のように操作します。

文字を入力するセルをクリックし、キーボードから文字を入力します。

同様の操作を繰り返して文字を入力していくと、表の基本が完成します。

12.3 表のサイズ変更と移動

表の四隅や上下左右にある**ハンドル**をドラッグすると、表のサイズを変更できます。スライドの下部に大きな余白があるときは、下のハンドルをドラッグして表のサイズを大きくします。なお、表の位置を移動させるときは、表を囲む枠線をドラッグします。

12.4 スライドに表を挿入

すでに「**コンテンツの領域**」に文字を入力している場合は、[**挿入**] タブを利用して表を作成します。

①このタブを選択

[挿入] タブにある「表」をクリックし、行数と列数を指定します。

②クリック

③行数と列数を指定

表が挿入される

当初の目標

最初の3カ月間の会員数と売上の目標

スライドに表が挿入されます。前ページに示した手順で表に文字を入力し、サイズと位置を調整します。

12.5 行、列の追加

表を作成したあとに行や列が足りないことに気付く場合もあるでしょう。このような場合は、[**レイアウト**] タブを利用すると、好きな位置に行や列を追加できます。

②いずれかをクリック

①このタブを選択

表をクリックすると、[テーブル デザイン] タブと [レイアウト] タブが利用できるようになります。
行や列の追加は [レイアウト] タブで行います。

行や列が追加される場所は「カーソルがあるセル」が基準になります。たとえば、「**上に行を挿入**」をクリックすると、次ページのように行が追加されます。

カーソル位置

ここに行が追加される

12.6　行、列の削除

　行や列を削除したい場合もあると思います。この場合は、[レイアウト] タブにある「削除」をクリックし、削除する対象（行または列）を選択します。なお、この操作で削除されるのは「カーソルがある行または列」となります。

②クリック

③削除する対象を選択

①このタブを選択

・・・・・・・・・・・・・・・・・・・・・・・・・・・・・・・ 演習 ・・・・・・・・・・・・・・・・・・・・・・・・・・・・・・・

（1）ステップ10の演習（3）で保存したファイルを開き、4枚目のスライドとして、以下の図のようなスライドを作成してみましょう。

（2）スライドの余白が小さくなるように、表のサイズ（高さ）を大きくしてみましょう。
　《作業後、ファイルを上書き保存しておきます》

Step 13 表の作成と編集（2）

続いては、表のデザインを変更したり、表内の文字の書式を変更したりする方法を学習します。見やすい表を作成できるように、それぞれの指定方法を学習しておいてください。

13.1 表のスタイル

PowerPointには、表のデザインを手軽に変更できる「表のスタイル」が用意されています。この機能を使って表のデザインを変更するときは、[テーブルデザイン]タブを利用します。

[テーブルデザイン]タブを選択し、「表のスタイル」の ⬇ をクリックします。

②このタブを選択

③クリック

①クリックして表を選択

好きなデザインを選択

「表のスタイル」が表示されるので、この中から好きなデザインを選択します。

スタイルが適用され、表のデザインが変更されます。

デザインが変更される

13.2 表スタイルのオプション

　「表スタイルのオプション」を使って、「左端の列」や「一番下の行」を強調することも可能です。各項目をONにすると、表の書式が以下のように変更されます。

指定する項目をONにする

タイトル行	………… 「一番上の行」を強調（初期値：ON）
最初の列	………… 「左端の列」を強調
集計行	………… 「一番下の行」を強調
最後の列	………… 「右端の列」を強調
縞模様（行）	……… 1行おきに縞模様（初期値：ON）
縞模様（列）	……… 1列おきに縞模様

　たとえば「最初の列」と「集計行」をONにすると、以下の図のように表のデザインを変更できます。

「一番下の行」が強調される

「左端の列」が強調される

13.3 セル内の文字の配置

　表内の数値は「右揃え」で配置すると表が見やすくなります。セル内の文字の配置は、[レイアウト]タブにある6個のアイコンをで指定します。

左右の配置

このタブを選択

上下の配置

　これらの書式が適用されるセルは、「選択されているセル」となります。

複数のセルを選択するときは、その範囲をマウスでドラッグします。

ドラッグしてセルを選択

文字の配置が変更される

□と≡ を指定

選択していたセルの「文字の配置」が変更されます。

13.4 セル内の文字の書式

　フォントや文字サイズ、太字/斜体/下線などの書式を指定することも可能です。**文字の書式**を変更するときは、対象となるセル（または文字）を選択し、[ホーム]タブで書式を指定します。

セル（または文字）を選択し、［ホーム］タブで書式を指定します。

②このタブを選択

③ここで書式を指定

①ドラッグしてセルを選択

文字の書式が変更される

文字の書式が変更されます。
※フォントと文字サイズを変更した例。

当初の目標

	2023年10月	2023年11月	2023年12月
会員数	300人	550人	700人
会費売上	2,150,000円	3,800,000円	4,850,000円
物販売上	240,000円	440,000円	560,000円
合計	2,390,000円	4,240,000円	5,410,000円

演習

（1）ステップ12の演習（2）で保存したファイルを開き、4枚目のスライドにある表に「中間スタイル3-アクセント3」のスタイルを適用してみましょう。

（2）表の最初の列を強調し、縞模様（行）を「なし」に変更してみましょう。

（3）セル内の文字の配置を以下の図のように変更してみましょう。

（4）表全体の文字サイズを20ptに変更してみましょう。

《作業後、ファイルを上書き保存しておきます》

スマートフォンの保有率

文字は中央揃え

上下中央揃え
文字サイズ：20pt

数値は右揃え

	2011年	2013年	2015年	2017年	2019年	2021年
20代	51.4%	89.8%	98.4%	97.1%	99.0%	98.2%
40代	34.9%	78.1%	88.8%	94.1%	97.2%	98.5%
60代	※14.8%	49.3%	64.2%	69.5%	83.8%	91.0%

Step 14 表の作成と編集（3）

「セルの背景色」を変更したり、「罫線の書式」を変更したりすることも可能です。続いては、表のデザインをカスタマイズするときの操作手順について解説します。

14.1 セルの「幅」と「高さ」の変更

それぞれの「列の幅」や「行の高さ」を変更することも可能です。この操作は、列や行を区切る罫線をドラッグすると実行できます。

「列の幅」と「行の高さ」の変更

14.2 「幅」や「高さ」を均一に揃える

「列の幅」や「行の高さ」を均一に揃えるコマンドも用意されています。

ワンポイント

セルのサイズ
「列の幅」や「行の高さ」を数値で指定するときは、［レイアウト］タブにある「セルのサイズ」に数値を入力します。

「幅」や「高さ」を揃えるコマンドは、［レイアウト］タブに用意されています。

58

たとえば、「列の幅」を均一に揃えるときは、以下のように操作します。

幅を揃えるセルを選択し、
⊞（幅を揃える）をクリック
します。

②このタブを選択

③クリック

①セルを選択

選択していたセルの「列の幅」
が均一に揃えられます。

同じ幅になる

14.3 「セルの背景色」の指定

［テーブル デザイン］タブには、各セルの背景色を指定できる ⬛（塗りつぶし）が用意されています。このコマンドは、表のデザインを変更するときなどに活用できます。

背景色を変更するセルを選択します。
続いて、⬛（塗りつぶし）の▾をクリックし、好きな色を選択します。

②クリック

①このタブを選択

③色を選択

他の色を指定する場合

14.4 「罫線の書式」の指定

　表の罫線の書式を変更することも可能です。罫線の書式を指定するときは、[テーブル デザイン] タブを選択し、以下のように操作します。

「罫線の作成」グループで、
線の種類／太さ／色を指定
します。

線の書式を変更すると、「罫線を引く」が
自動的にONになります。このアイコンを
クリックしてOFFにします。

マウスをドラッグし、「罫線の書式」を
変更するセルを選択します。

⊞（罫線）の⌄をクリックし、
書式を変更する「罫線の位置」
を指定します。

マウスを使った書式指定
「罫線を引く」をONに
したまま、罫線の上をな
ぞるようにドラッグして
書式を指定することも可
能です。

「あらかじめ指定した書式」に罫線の書式が変更されます。

14.5 罫線の削除

　罫線を削除するときは、線の種類に「罫線なし」を指定します。続いて、セルを選択し、
⊞（罫線）で「罫線を削除する位置」を指定します。なお、「罫線の削除」を使うと、罫線が削除
されるだけでなく、「隣り合うセルとの結合」が行われることに注意してください。

演習

（1）ステップ13の演習（4）で保存したファイルを開き、4枚目のスライドにある「20代」～「60代」
　　のセルの背景色を「オレンジ、アクセント3、黒＋基本色25%」に変更してみましょう。
（2）罫線の書式を以下の図のように変更してみましょう。
　　《作業後、ファイルを上書き保存しておきます》

実線、2¼pt、黒
点線、1pt、黒

Step 15 グラフの作成と編集（1）

グラフを作成することで、データが変化していく様子をわかりやすく示すことも可能です。ここからは、スライドにグラフを作成する方法を学習していきます。

15.1 「コンテンツの領域」にグラフを作成

グラフを作成するときも「コンテンツの領域」を利用します。グラフを作成するときは、📊（グラフの挿入）をクリックし、以下のように操作します。

☞ **ワンポイント**

グラフの挿入
すでに「コンテンツの領域」に文字を入力している場合は、［挿入］タブにある「グラフ」をクリックして、スライドにグラフを挿入します。

「コンテンツの領域」にある📊（グラフの挿入）をクリックします。

作成するグラフの種類と形式を選択し、［OK］ボタンをクリックします。

グラフ作成用のExcelが表示され、PowerPointの画面にサンプルグラフが表示されます。

グラフ作成用のExcel

サンプルグラフ

最初にグラフの「見出し」を入力します。「系列1」、「系列2」や「カテゴリ1」、「カテゴリ2」などの文字を、作成するグラフの「見出し」に変更します。

クリックして「見出し」を入力

「系列の数」を変更するときは、□を左右にドラッグして「グラフ化する範囲」を変更します。

左右にドラッグ

同様に、「カテゴリの数」を変更するときは、□を上下にドラッグして「グラフ化するセル範囲」を変更します。

上下にドラッグ

必要に応じて「見出し」を追加入力します。また、この時点で不要なデータを削除しておきます。

続いて、グラフの数値データを入力します。すべてのデータを入力できたら ⊠ をクリックし、Excelを終了します。

スライドの編集画面に戻るので、「入力したデータ」をもとにグラフが作成されていることを確認します。

15.2 グラフのサイズ変更と移動

グラフの四隅や上下左右にあるハンドルをドラッグすると、グラフのサイズを変更できます。また、グラフを囲む枠線をドラッグすると、グラフの位置を移動できます。

ワンポイント

データの修正
グラフのデータを修正するときは、[グラフのデザイン] タブを選択し、「データの編集」をクリックします。するとグラフ編集用の Excel が再び表示され、データを修正できるようになります。

演習

（1）ステップ14の演習（2）で保存したファイルを開き、**5枚目のスライド**として以下の図のようなスライドを作成してみましょう。
《作業後、ファイルを上書き保存しておきます》

「マーカー付き折れ線」のグラフを作成

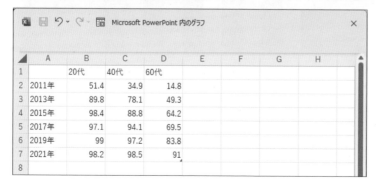

◆漢字の読み
保有率、年、代

グラフ作成用のデータ

Step 16 グラフの作成と編集（2）

グラフ内に表示する要素を変更したり、グラフ全体のデザインを変更したりすることも可能です。続いては、グラフをカスタマイズするときの操作手順を解説します。

16.1 グラフに表示する要素

　グラフをクリックして選択すると、右側に3つのアイコンが表示されます。これらのうち、一番上にある ⊞（**グラフ要素**）は、「グラフ内に表示する要素」を変更するときに利用します。

> **ワンポイント**
>
> **数値データの表示**
> 「データ ラベル」または「データ テーブル」をONにすると、各データの数値をグラフ内に表示できます。

　グラフ タイトルと**軸ラベル**の文字は、グラフの内容に合わせて自由に変更できます。文字を変更するときは、各要素をクリックして選択し、キーボードから文字を入力します。

16.2 グラフ要素のサブメニュー

田（グラフ要素）をクリックし、各項目の右側にマウスを移動すると、▶のアイコンが表示されます。このアイコンをクリックすると、「縦軸だけに要素を表示する」、「要素の位置を指定する」などの操作を行えるようになります。

たとえば、縦軸だけに軸ラベルを表示したり、凡例を右に配置したりするときは、以下のように操作します。

16.3 グラフ スタイルの変更

グラフ全体のデザインを変更するときは、 をクリックし、一覧から好きなスタイルを選択します。

同様の操作を[グラフのデザイン]タブで行うことも可能です。この場合は、「グラフ スタイル」の ▽ をクリックし、一覧からスタイルを選択します。

16.4 グラフ フィルターの活用

▽（グラフ フィルター）のアイコンは、不要なデータをグラフから除外するときに利用します。このアイコンをクリックし、除外したい項目をOFFにすると、そのデータを除いたグラフに変更できます。

①クリック

②除外する項目をOFFにする

④項目がONのデータだけがグラフ化される

③クリック

演習

（1）ステップ15の演習（1）で保存したファイルを開き、5枚目のスライドにあるグラフのグラフ スタイルを「スタイル2」に変更してみましょう。

（2）グラフ内に表示する要素を以下の図のように変更し、縦軸の軸ラベルに「保有率（%）」と入力してみましょう。

《作業後、ファイルを上書き保存しておきます》

縦軸の「軸ラベル」をON

「グラフ タイトル」をOFF
「データ ラベル」をOFF

縦軸の「軸」をON

Step 17 グラフの作成と編集（3）

続いては、グラフの色を変更したり、各要素の書式を指定したりする方法を学習します。グラフを自由に加工できるように、それぞれのカスタマイズ方法を覚えておいてください。

17.1 色の変更

グラフ全体の色を変更するときは、［グラフのデザイン］タブにある「色の変更」を利用します。この一覧から好きな「色の組み合わせ」を選択すると、グラフ全体の色を手軽に変更できます。

グラフの色が変更される

17.2 系列の色と線の書式

　グラフの各系列の色を個別に指定することも可能です。この場合は、右クリックメニューの「塗りつぶし」を使って色を指定します。

色を変更する系列を右クリックします。続いて、「塗りつぶし」をクリックし、一覧から色を選択します。

右クリックした系列の色が変更されます。

　なお、「折れ線グラフ」の線の書式を変更するときは、「枠線」をクリックして線の色、太さ、種類を指定します。

17.3 書式設定画面の表示

　グラフ内にある要素を**右クリック**して「○○**の書式設定**」を選択すると、その要素の書式を指定できる設定画面が表示されます。たとえば、縦軸を右クリックして「**軸の書式設定**」を選択すると、以下の図のような設定画面が表示され、軸に表示する数値の**最小値／最大値**、**目盛線の間隔**、**表示単位**などを指定できるようになります。

ワンポイント

数値の指数表示
数値が「Eを含む文字」で表示される場合もあります。この場合、指数の形式（10のn乗）で数値が表示されています。たとえば、「4.0E6」は「4.0×10^6」という数値を示しています。

　表示単位を変更すると、縦軸に「**万**」や「**億**」などの単位が表示されます。この表示をクリックして選択し、［Delete］キーで削除することも可能です。ただし、この場合は、**軸ラベル**に単位を追加しておくのを忘れないようにしてください。

表示単位を「万」に変更した場合

17.4 グラフ内の文字の書式

　グラフ タイトルや軸ラベル、凡例などに表示されている文字の書式を変更することも可能です。これらの書式は[ホーム]タブで指定します。

　「文字の書式」を指定するときは、要素をクリックして選択し、[ホーム]タブで書式を指定します。

演 習

（1）ステップ16の演習（2）で保存したファイルを開き、5枚目のスライドにあるグラフの各系列の色を以下の図のように変更してみましょう。
　　　※「塗りつぶし」と「枠線」の色を変更します。
（2）縦軸の「軸の書式設定」を開き、最小値を0、最大値を105、目盛間隔を10に変更してみましょう。
（3）軸ラベル、縦軸、横軸の文字の書式を「14pt、太字」に変更してみましょう。
　　《作業後、ファイルを上書き保存しておきます》

Step 18 SmartArtの作成と編集（1）

手順や仕組みを説明するときに、イメージ図を活用する場合もあります。
このような場合は、PowerPointに用意されているSmartArtを利用します。
ここからはSmartArtの使い方を学習していきます。

18.1 SmartArtとは？

　PowerPointにはSmartArtと呼ばれる機能も用意されています。この機能を使うと、「図形」と「文字」を組み合わせたイメージ図を手軽に作成できます。手順や構造、仕組みなどを示す場合に活用するとよいでしょう。
　以下に具体的な例をいくつか紹介しておくので、SmartArtを活用するときの参考にしてください。

「基本の循環」のSmartArt

「プロセス リスト」のSmartArt

「分割ステップ」のSmartArt

「階層」のSmartArt

18.2 「コンテンツの領域」にSmartArtを作成

　それでは、SmartArtを作成するときの操作手順を解説していきます。「コンテンツの領域」に
SmartArtを作成するときは、（SmartArtグラフィックの挿入）をクリックし、以下のように
操作します。

「コンテンツの領域」にある
（SmartArtグラフィック
の挿入）をクリックします。

作成するSmartArtの種類とレイ
アウトを選択し、［OK］ボタンを
クリックします。

「コンテンツの領域」に
SmartArtが作成されます。

18.3 SmartArtの文字入力

　続いては、SmartArt に文字を入力していきます。各図形に文字を入力するときは、[テキスト] と表示されている部分をクリックし、キーボードから文字を入力します。

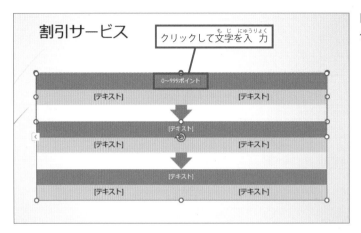

[テキスト] と表示されている部分を
クリックし、文字を入力します。

👉 ワンポイント

改行の入力
[Shift] + [Enter] キーを押して、
図形内で文章を改行することも
可能です。

各図形に文字を入力

同様の操作を繰り返して図形に文字
を入力していくと、SmartArtの基本
が完成します。

18.4 スライドにSmartArtを挿入

　すでに「コンテンツの領域」に文字を入力している場合は、[挿入] タブにある「SmartArt」を
クリックして SmartArt を挿入します。

以降の操作手順は、「コンテンツの領域」にSmartArtを作成する場合と同じです。「種類」と「レイアウト」を選択してSmartArtを作成し、[テキスト]と表示されている部分をクリックして図形に文字を入力していきます。

18.5 SmartArtのサイズ変更と移動

SmartArtもサイズや位置を自由に変更できます。サイズを変更するときは、四隅と上下左右にあるハンドルをドラッグします。位置を移動するときは、SmartArtを囲む枠線をドラッグします。

演習

（1）ステップ17の演習（3）で保存したファイルを開き、**6枚目のスライド**として、以下の図のようなスライドを作成してみましょう。
※不要な[テキスト]の行頭文字は[Back Space]キーで削除します。
《**作業後、ファイルを上書き保存しておきます**》

◆漢字の読み
回収、不要、解体、取り外し、各、手作業、
分解、粉砕、再生、精錬、原料

SmartArtの作成と編集（2）

続いては、図形内に入力した文字の書式を変更する方法を解説します。また、SmartArtに図形を追加したり、SmartArtから図形を削除したりする方法も解説します。

19.1 図形内の文字の書式

それぞれの図形内に入力した文字は、その書式を自由に変更できます。文字や段落の書式は［ホーム］タブにあるコマンドで指定します。

③ここで書式を指定

②このタブを選択

①文字を選択

図形内の文字を選択し、［ホーム］タブで書式を指定します。

同様の手順で、各図形内の文字の書式を指定していきます。

書式の一括変更
文字の書式をまとめて変更するときは、SmartArtの余白をクリックし、SmartArt全体を選択した状態で書式を指定します。

19.2 SmartArtに図形を追加

SmartArtに配置されている「図形の数」が必ずしも説明したい内容と一致しているとは限りません。図形が足りないときは、以下のように操作して図形を追加します。

SmartArt内にある図形を選択します。

図形の追加と文字サイズ
SmartArtに図形を追加すると、それぞれの図形のサイズが小さくなり、図形内の文字サイズも自動調整されます。

[SmartArtのデザイン] タブを選択します。続いて、「図形の追加」の∨をクリックし、図形を追加する位置（前／後）を選択します。

指定した位置に図形が追加されます。この図形に[テキスト]の表示はありませんが、図形内をクリックすると文字を入力できます。

19.3 レベルを指定した図形の追加

それぞれの図形にレベルがあるSmartArtもあります。この場合は、「上に図形を追加」や「下に図形を追加」を選択することも可能です。

これらも選択可能になる

以下に、**下位レベルの図形**を追加するときの操作例を示しておくので参考にしてください。

「図形の追加」→「後に図形を追加」を選択し、図形を追加します。

この図形を選択し、「後に図形を追加」

指定した位置に図形が追加されます。ただし、この図形には「下位レベルの図形」がありません。続いて、「図形の追加」→「下に図形を追加」を選択します。

追加された図形を選択し、「下に図形を追加」

下位レベルの図形が追加されます。この図形を選択した状態で「図形の追加」→「後に図形を追加」を選択します。

追加された図形を選択し、「後に図形を追加」

「下位レベルの図形」が2個に
なります。

19.4 SmartArtから図形を削除

　図形の数が多すぎる場合は、[Delete] キーで図形を削除します。同様の手順で、「下位レベル
の図形」だけを削除することも可能です。

演習

（1）「新しいプレゼンテーション」を作成し、**2枚目のスライド**を以下のように作成してみましょう。
　　※1枚目のスライドは白紙で構いません。
　　※すべての図形内の文字に「22pt、太字」の書式を指定します。

◆漢字の読み
構成、陸上部、短距離、中距離、
長距離、跳躍、投てき

20

SmartArtの作成と編集（3）

「色の変更」や「SmartArtのスタイル」、「図形のスタイル」を利用すると、SmartArtのデザインを変更できます。続いては、SmartArtのデザインを変更する方法を解説します。

20.1 色の変更

PowerPointには、SmartArt全体の色を変更できる「**色の変更**」が用意されています。このコマンドを使って「SmartArtの色」を変更するときは、以下のように操作します。

［SmartArtのデザイン］タブを選択します。「色の変更」をクリックし、好きな「色の組み合わせ」を選択します。

SmartArt全体の色が変更されます。

色が変更される

20.2 スタイルの変更

「SmartArtのスタイル」を変更すると、SmartArtを立体的に見せることができます。「SmartArt のスタイル」を変更するときは、以下のように操作します。

①このタブを選択

②クリック

［SmartArtのデザイン］タブを選択し、「SmartArtのスタイル」の ⊽ をクリックします。

スタイルを選択

スタイルの一覧が表示されるので、好きなスタイルを選択します。

デザインが変更される

SmartArt全体のデザインが変更されます。

[書式] タブは、SmartArt内にある各図形の書式を指定するときに利用します。たとえば、「図形のスタイル」を指定するときは、以下のように操作します。

図形をクリックして選択します。続いて、[書式] タブを選択し、「図形のスタイル」の▽をクリックします。

スタイルを選択

スタイルの一覧が表示されるので、好きなスタイルを選択します。

選択した図形にスタイルが適用され、図形のデザインが変更されます。

84

20.4 図形の色、枠線、効果の指定

「図形の塗りつぶし」や「図形の枠線」、「図形の効果」を利用して、各図形のデザインを個別に指定していくことも可能です。

図形の塗りつぶし

図形の枠線

図形の効果

演習

（1）ステップ18の演習（1）で保存したファイルを開き、6枚目のスライドにあるSmartArtの色を「カラフル-全アクセント」に変更してみましょう。

（2）SmartArtのスタイルを「パウダー」に変更してみましょう。

（3）SmartArt内にある3つの図形に、以下のような図形のスタイルを適用してみましょう。また、図形内の文字の書式を太字、文字色「白」に変更してみましょう。
《作業後、ファイルを上書き保存しておきます》

Step 21 図形の描画と書式指定

ステップ21では、四角形や円、矢印、リボンなどの図形を描画する方法を解説します。また、図形の塗りつぶし、枠線、効果といった書式を指定する方法も解説します。

21.1 図形の描画

［挿入］タブにある「図形」をクリックすると、さまざまな形状の図形を描画できます。図形を描画するときは、以下のように操作します。

［挿入］タブを選択します。続いて「図形」をクリックし、一覧から「図形の形状」を選択します。

①このタブを選択
②クリック
③図形の形状を選択
ドラッグ

マウスポインタが＋に変化するので、マウスをドラッグして図形を描画します。

図形が描画される

ドラッグした範囲を対角線とする図形が描画されます。

ワンポイント

[Shift]キーの利用
[Shift]キーを押しながらマウスをドラッグすると、縦横のサイズが等しい図形を描画できます。正方形や正円などを描画するときに活用してください。

21.2 図形のサイズ変更と移動

　図形のサイズを変更するときは、四隅にあるハンドルをドラッグします。また、図形そのものをドラッグすると図形の位置を移動できます。

ワンポイント

調整ハンドル
図形によっては「調整ハンドル」（黄色いハンドル）が表示される場合もあります。このハンドルは図形の形状を変化させるときに利用します。

ドラッグで回転
ドラッグで形状を変化させる
ドラッグで移動
ドラッグでサイズ変更

21.3 図形の書式指定

　図形をクリックして選択すると、[図形の書式] タブを利用できるようになります。このタブには「図形の書式」を指定するコマンドが用意されています。

このタブを選択
ここで書式を指定

◆ 図形の塗りつぶし（ 🖌 ）
　図形の内部を塗りつぶす色を変更できます。

①クリック
②色を選択

色が変更される

◆ 図形の枠線 ( )
図形を囲む枠線の色、太さ、線の種類を変更できます。

◆ 図形の効果 ( )
図形に影を付けたり、図形を立体化したりできます。

21.4 図形のスタイル

「図形の塗りつぶし」、「図形の枠線」、「図形の効果」を組み合わせた「図形のスタイル」も用意されています。この機能は、図形の書式を手軽に指定したいときに活用できます。

クリック

スタイルを選択

デザインが変更される

演 習

(1)「新しいプレゼンテーション」を作成し、**2枚目のスライド**を以下のように作成してみましょう。

進化する通信規格

◆ 漢字の読み
進化、通信、規格、年代、開始、年、〜

・2010年代　4Gサービス開始

「矢印：ストライプ」の図形を描画

改行して適当な間隔を空ける

・2020年〜　5Gサービス開始

(2)「図形の塗りつぶし」を「**緑**」、「図形の枠線」を「**枠線なし**」に変更してみましょう
(3)「図形のスタイル」を「**光沢-オレンジ、アクセント2**」に変更してみましょう。

Step 22 テキストボックスの活用

PowerPointには、図形内に文字を入力できる「テキストボックス」も用意されています。テキストボックスは、好きな位置に文字を配置したいときなどに活用できます。

22.1 テキストボックスの配置

テキストボックスは内部に文字を入力できる図形で、好きな位置に文字を配置したいときに活用できます。テキストボックスを利用するときは、以下のように操作します。

[挿入]タブにある「テキストボックス」の下をクリックし、横書き/縦書きを選択します。

マウスをドラッグしてテキストボックスを描画します。

続けて、テキストボックス内に文字を入力します。

テキストボックスの**サイズ**や**位置**を変更することも可能です。サイズを変更するときは、四隅にある**ハンドル**をドラッグします。位置を移動するときは、テキストボックスの**枠線**をドラッグします。

テキストボックスに入力した文字の書式は、［ホーム］タブにあるコマンドで変更できます。

22.2　テキストボックスの書式指定

テキストボックスは図形の一種となるため、「塗りつぶし」や「枠線」などの書式を変更することも可能です。この操作手順は、P87 ～ 89で解説した手順と同じです。

なお、テキストボックスの色を透明に戻したいときは、「図形の塗りつぶし」の☑をクリックし、「塗りつぶしなし」を選択します。

22.3 図形に文字を入力

　ステップ21で紹介した図形の内部に文字を入力することも可能です。この場合は、描画した図形を選択し、そのままキーボードから文字を入力します。

　もちろん、文字の書式なども変更できます。文字の書式は、［ホーム］タブにあるコマンドで指定します。

22.4 図形内の文字の配置

　図形に入力した文字の「上下方向の配置」や「上下左右の余白」を調整したいときは、[図形の書式]タブを選択し、「図形のスタイル」グループにある ⬗ をクリックします。

演習

（1）ステップ20の演習（3）で保存したファイルを開き、4枚目のスライドにテキストボックスを配置して以下の文字を入力してみましょう。

　出典：総務省　通信利用動向調査（世帯編）
　※「60代の2011年」の数値は、60歳以上の合計値です。

（2）テキストボックスのスタイルを「光沢 - 濃い赤、アクセント1」に変更してみましょう。また、文字の書式を「游ゴシック Medium、16pt」に変更してみましょう。
　《作業後、ファイルを上書き保存しておきます》

Step 23 スライドショーとリハーサル

これまでの解説でスライドの作成方法をひととおり学習できました。続いては、実際に発表するときに必要となる「スライドショー」の実行方法を解説します。

23.1 スライドショーの実行

　スライドショーは、作成したスライドを順番に画面全体に表示する機能です。実際に発表するときは、この機能を使って画面にスライドを表示しながら内容を説明していきます。スライドショーを実行するときは、以下のように操作します。

②クリック　①このタブを選択

[スライドショー] タブを選択し、「最初から」をクリックします。

ワンポイント

[F5] キーの活用
キーボードの [F5] キーを押して、スライドショーを開始することも可能です。

クリックして次のスライドへ

1枚目のスライド（タイトル スライド）が画面全体に表示されます。
マウスをクリックすると…、

クリックして次のスライドへ

2枚目のスライドが表示されます。このように、スライドショーでは、マウスのクリックによりスライド表示を進めていきます。

最後のスライドが表示された状態でマウスをクリックすると…、

最後のスライドをクリック

「スライドショーの最後です。クリックすると終了します。」と表示された黒い画面になります。さらに、マウスをクリックします。

クリック

スライドショーが終了し、スライドの編集画面に戻ります。

ワンポイント

強制終了するには？
スライドショーを途中で強制終了させるときは、キーボードの [Esc] キーを押します。

23.2 リハーサルの実行

　卒業論文などの発表では、発表の時間に制限が設けられているのが一般的です。このような場合は、PowerPointに用意されている**リハーサル**を使って、発表の練習を行っておくのが基本です。リハーサルを使ってスライドショーを実行すると、現在の経過時間を確認しながらスライド表示を進めていくことが可能となります。

①このタブを選択

②クリック

リハーサルを実行するときは、[スライドショー] タブにある「リハーサル」をクリックします。

現在のスライドの経過時間

全体の経過時間

記録中
→ ‖ 0:00:24 ↺ 0:12:34

スライドショーが開始され、左上に経過時間が表示されます。これを確認しながらスライドショーを進めていきます。

リハーサルが終了すると、以下のようなウィンドウが表示されます。ここでは必ず [いいえ] ボタンをクリックするのが基本です。

Microsoft PowerPoint ×

スライドショーの所要時間は 0:16:41 です。今回のタイミングを保存しますか?

はい(Y)　いいえ(N)

こちらをクリックするのが基本

[はい] ボタンをクリックすると、今回のリハーサルで「スライドを切り替えたタイミング」が記録され、次回のスライドショーから「記録されたタイミング」で自動的にスライドが切り替わるようになります。実際に発表するときにマウスのクリックでスライドを切り替えたい場合は、必ず [いいえ] ボタンをクリックしてください。

ここをOFFにする

間違って [はい] ボタンをクリックしてしまった場合は、[スライドショー] タブにある「タイミングを使用」をOFFにすると、記録されたタイミングを無効化できます。

23.3 表示しないスライドの指定

リハーサルを行った結果、制限時間をオーバーしていることに気付く場合もあると思います。このような場合は、重要度の低いスライドを**非表示スライド**に設定し、説明の一部を省略すると発表時間を短縮できます。

👉 **ワンポイント**

非表示スライドの解除
再度「非表示スライドに設定」をクリックしてOFFにすると、非表示スライドの指定を解除できます。

23.4 スライドショーを大画面に表示するには？

普通に**スライドショー**を実行すると、パソコンの画面にスライドが表示されます。この状態では多くの人にスライドを示すことができません。多くの人がスライドを見られるようにするには、プロジェクターや大型テレビなどにパソコンの画面を映し出す必要があります。実際に発表するときは、外部機器との接続方法を確認しておくことも忘れないようにしてください。

画面を外部機器に出力するときは、HDMIやDisplayPort、USB（Type-C）などの端子を利用します。

演習

（1）ステップ22の演習（2）で保存したファイルを開き、**スライドショー**を実行してみましょう。
（2）続いて、**リハーサル**を実行してみましょう。
　　※リハーサル終了後に[**いいえ**]ボタンをクリックします。
（3）2枚目のスライドを**非表示スライド**に設定し、スライドショーを実行してみましょう。
（4）2枚目のスライドに指定した**非表示スライド**を解除し、元の状態に戻してみましょう。
　　《作業後、ファイルを上書き保存しておきます》

Step 24 画面切り替えの指定

スライドショーにアニメーション効果を加えることも可能です。まずは、
「次のスライド」へ切り替えるときのアニメーションを指定する「画面切り
替え」について解説します。

24.1 「画面切り替え」の指定

スライドショーで「次のスライド」を表示するときに、アニメーション効果を加えることも
可能です。発表を演出する方法のひとつとして試してみるとよいでしょう。「画面切り替え」を
指定するときは、以下のように操作します。

[画面切り替え]タブを選択し、
「画面切り替え」の▽をクリックします。

「画面切り替え」の一覧が表示
されるので、この中から好きな
ものを選択します。

「画面切り替え」を選択

スライドに「画面切り替え」が指定され、スライド一覧に★が表示されます。

★が表示される

「画面切り替え」は、**選択中のスライドだけに指定されます**。すべてのスライドに同じ「画面切り替え」を指定するには、続けて**「すべてに適用」**をクリックする必要があります。

クリック

同じ「画面切り替え」を全スライドに指定するときは、「すべてに適用」をクリックします。

全スライドに★が表示される

全スライドに★が表示されます。

24.2　速度と効果音の指定

[**画面切り替え**]**タブ**には、「画面切り替え」のオプションや効果音（サウンド）、速度（期間）を指定するコマンドも用意されています。これらは、各自の好みに合わせて変更するようにしてください。

効果音（サウンド）の指定

オプションの指定

速度（期間）の指定

これらの設定も「選択中のスライド」だけに指定されます。すべてのスライドを同じ設定にするには、「**すべてに適用**」をクリックする必要があります。

オプション、効果音、速度を全スライドに指定するときは、「すべてに適用」をクリックします。

24.3 「画面切り替え」の確認

スライドに指定した「画面切り替え」は、**スライドショー**を実行すると確認できます。この操作手順は、ステップ23で解説したとおりです。

「画面切り替え」のアニメーション（チェッカーボード）

24.4 「画面切り替え」の解除

「画面切り替え」を解除するときは、「画面切り替え」の一覧で「なし」を選択します。効果音は「サウンドなし」を選択すると解除できます。

画面切り替えの解除

全スライドの「画面切り替え」や効果音を解除するときは、続けて「すべてに適用」をクリックします。

演習

（1）ステップ23の演習（4）で保存したファイルを開き、すべてのスライドに「渦巻き」の「画面切り替え」を指定してみましょう。その後、スライドショーを実行し、「画面切り替え」の動作を確認してみましょう。

《作業後、ファイルを上書き保存しておきます》

アニメーションの指定

スライド内にある各要素に対してアニメーションを指定する機能も用意されています。続いては、それぞれの段落にアニメーションを指定するときの操作手順を解説します。

25.1 アニメーションとは？

スライドショーの実行時に「段落を1つずつ順番に表示していく」などのアニメーションを指定することも可能です。以下に具体的な例を示しておくので参考としてください。

最初はスライドのタイトルだけが表示されます。この状態でマウスをクリックすると…、

1番目の要素（段落）がアニメーション表示されます。さらに、マウスをクリックすると…、

2番目の要素がアニメーションで表示されます。

25.2 アニメーションを指定する手順

　前ページに示した**アニメーション**を例に具体的な操作手順を解説していきます。なお、アニメーションには、以下の3種類があることを覚えておいてください。

- ・開始 ·············· アニメーションとともに要素を表示します。
- ・強調 ·············· アニメーションを使って要素を強調します。
- ・終了 ·············· アニメーションとともに要素を消去します。

1番目にアニメーション表示する要素（段落）を選択します。続いて、[アニメーション]タブを選択し、「アニメーション」の▽をクリックします。

アニメーションを選択

一覧から好きなアニメーションを選択します。

続いて、2番目にアニメーション表示する要素（段落）を選択し、「アニメーション」の▽をクリックします。

一覧から好きなアニメーションを選択します。

アニメーションを選択

同様の操作を繰り返して、3番目の要素（段落）にもアニメーションを指定します。

これらの段落に3番目のアニメーションを指定

クリック

回をクリックすると、現在のスライドからスライドショーを開始できます。続いて、マウスをクリックしていくと、アニメーションの動作を確認できます。

25.3 アニメーションの変更と解除

［アニメーション］タブを選択すると、アニメーションが指定されている要素に 1 や 2 などのアイコンが表示されます。これらのアイコンはアニメーションが実行される順番を示しています。

各要素に指定したアニメーションを変更するときは、□1□や□2□などのアイコンをクリックして選択し、▽からアニメーションを指定しなおします。このとき「なし」のアニメーションを指定すると、その要素のアニメーションを解除できます。

同じ数字のアイコンが複数ある場合は、［Shift］キーを押しながらアイコンをクリックしていくと、複数のアイコンを同時に選択できます。

演習

（1）ステップ24の演習（1）で保存したファイルを開き、2枚目のスライドにある各段落に「ターン」のアニメーションを指定してみましょう。その後、スライドショーを実行し、アニメーションの動作を確認してみましょう。
　※3つある段落に、上から順番にアニメーションを指定していきます。
《作業後、ファイルを上書き保存しておきます》

Step

26

配布資料の作成

続いては、発表を見にきた人（出席者）に手渡す「配布資料」の作成方法を解説します。PowerPointにはスライドを縮小して印刷する機能が用意されているため、簡単に配布資料を作成できます。

26.1 印刷プレビューの表示

PowerPointには、スライドを**配布資料**として印刷する機能が用意されています。この機能を使って配布資料を作成するときは、はじめに**印刷プレビュー**を確認しておくのが基本です。印刷プレビューを表示するときは、以下のように操作します。

このタブを選択

［ファイル］タブを選択します。

②印刷プレビューが表示される

①これを選択

ページの変更

印刷プレビューの拡大／縮小

「印刷」を選択すると、画面の右側に印刷プレビューが表示されます。

26.2 印刷の設定

　印刷プレビューの左側には、印刷に関連する設定項目が並んでいます。続いては、各項目で設定する内容について解説します。

ワンポイント

印刷プレビューの終了
通常の編集画面に戻すときは、画面の左上にある⊖をクリックします。

- プリンターの選択
- 印刷するスライド
- 印刷レイアウト
- 片面/両面印刷
- 印刷する順番
- カラー/モノクロ

　最初に指定する設定項目は印刷レイアウトです。次ページに、配布資料の印刷でよく利用する印刷レイアウトをまとめておくので参考にしてください。

ワンポイント

ノートの印刷
「ノート」の印刷レイアウトについては、ステップ27で詳しく解説します。

①クリック

②印刷レイアウトを選択

ワンポイント

アウトライン
「アウトライン」の印刷レイアウトは、「各スライドの文字」だけを印刷するときに利用します。この印刷結果は、スライドの構成を確認する場合などに活用できます。

◆ フルページサイズのスライド

各用紙にスライドを1枚ずつ印刷します。この
印刷結果は、スライドを校正するときなどに活用
できます。

◆ 配布資料

出席者に渡す配布資料を作成するときは、「配布資料」の中から印刷レイアウトを選択します。
選択したレイアウトに応じて、1枚の用紙に印刷できる**スライドの数**や**スライドを並べる方向**
が変化します。「3スライド」の印刷レイアウトには、出席者がメモをとるためのスペースが
設けられています。

2スライド

3スライド

4スライド（横）

6スライド（横）

6スライド（縦）

9スライド（横）

「配布資料」の印刷レイアウトを選択すると、**用紙の向き**（縦／横）を指定できる設定項目が表示されます。「4スライド」や「9スライド」の印刷レイアウトは、用紙の向きを「横方向」にするとスライドを大きく印刷できます。

「4スライド（横）」を「横方向」で印刷した場合

26.3　印刷の実行

印刷設定が済んだら、各ページを印刷する枚数を**部数**に指定します。続いて、[**印刷**] ボタンをクリックすると、配布資料の印刷を開始できます。

ワンポイント

印刷品質などの設定

「プリンターのプロパティ」をクリックすると、印刷品質などを指定できる画面が表示されます。この設定画面はプリンターごとに異なるので、詳しくはプリンターのマニュアルを参照してください。

演習

（1）**ステップ25の演習（1）**で保存したファイルを開き、「**3スライド**」の印刷レイアウトで配布資料を印刷してみましょう。

Step 27

発表用原稿の作成
はっぴょうようげんこう さくせい

実際に発表するときは、発表時に読み上げる原稿も用意しておく必要があります。続いては、発表用原稿をPowerPointで作成する方法について解説します。

27.1 発表用原稿の入力

発表用の原稿を作成するときは**ノート**を利用します。ノートは各スライドに用意されているメモ欄のようなものです。もちろん、ノートに入力した文字が**スライドショー**に表示されることはありません。ノートに文字を入力するときは、以下のように操作します。

編集するスライドを選択し、ウィンドウ下部にある「ノート」をクリックします。

「ノートの領域」が表示されるので、キーボードから文字を入力していきます。

ワンポイント

ノートの非表示
ウィンドウ下部にある「ノート」をもういちどクリックすると、「ノートの領域」を非表示の状態に戻すことができます。

ノートに文字を入力

110

「ノートの領域」が狭い場合は、枠線をドラッグすると、「ノートの領域」を広くできます。

① ドラッグしてサイズを変更

② さらに文字を入力

27.2 「ノート」の画面表示

ノートに長い文章を入力するときは、画面表示を「ノート」に切り替えると作業しやすくなります。画面表示を切り替えるときは、以下のように操作します。

［表示］タブを選択し、「ノート」をクリックします。すると、「スライドの下にある領域」でノートを編集できるようになります。

① このタブを選択

② クリック

③ ここをクリックしてノートを編集

通常の編集画面に戻す場合

文字が小さすぎるときは、表示倍率を拡大するとノートを編集しやすくなります。なお、通常の編集画面に戻すときは、［表示］タブにある「標準」をクリックします。

続いては、オープンから6カ月間の売上目標をグラフで示します。

オープン当初の売上は、ここに示したグラフのように推移していくと予想しています。オープンから3カ月経過した時点で、会員数700人、会費の売上485万円を目指します。その後、会費の売上は480万円前後で推移していくと予想しています。

一方、物販の売上は月ごとに変動すると考えられます。2024年からは物販イベントを開催していく予定です。まずは、冬のボーナス後となる2024年1月に、ウェアやシューズの販売キャンペーンを行う予定です。

表示倍率の変更

27.3　ノートに入力した文字の書式

　ノートに入力した文字は、スライドの文字と同様の手順で**文字の書式**や**段落の書式**を指定できます。原稿が見やすくなるように、適当な書式を指定しておくとよいでしょう。

27.4　ノートの印刷

　ノートに入力した発表用原稿は印刷して利用します。ノートを含めた形式でスライドを印刷するときは、以下のように操作します。

［ファイル］タブを選択し、左側のメニューから「印刷」を選択します。続いて、印刷レイアウトに「ノート」を指定します。

印刷プレビューが更新されます。[印刷]ボタンをクリックすると、印刷を開始できます。

ワンポイント

印刷するスライドの指定
すべてのスライドではなく、指定したスライドだけを印刷したいときは、「ユーザー設定の範囲」を指定し、その下に「印刷するスライドの番号」を入力します。

演習

(1) ステップ25の演習(1)で保存したファイルを開き、5枚目のスライドのノートに以下のような発表用原稿を入力してみましょう。
※画面表示を「ノート」に変更してから以下の文章を入力します。

> 次は「スマートフォンの保有率」の推移をグラフで見ていきます。
>
> 20代、40代の「スマートフォンの保有率」は2013年頃に大きく上昇し、現在では95%以上の人がスマートフォンを保有しています。
>
> 一方、60代の「スマートフォンの保有率」は、2013年の時点で約半数しかありませんでした。それが2021年には91.0%にまで増加しています。ここ数年で高齢者の保有率も急速に伸びているようです。

(2) ノートに入力した文字の配置を「両端揃え」に変更してみましょう。また、以下の文字の書式を太字、赤色に変更してみましょう。
・現在では95%以 上
・2021年には91.0%にまで増加
《作業後、ファイルを上書き保存しておきます》

(3) 5枚目のスライドを「ノート」の印刷レイアウトで印刷してみましょう。

Step 28 発表者ツールの操作

続いては、発表時にパソコン画面に表示される「発表者ツール」について
解説します。発表をスムーズに進められるように、あらかじめ操作方法を
確認しておいてください。

28.1 発表者ツールの表示

プロジェクターや大型テレビにパソコンを接続してスライドショーを実行すると、外部モニ
ター（プロジェクターやテレビなど）にスライドが表示され、パソコンの画面には発表者ツール
が表示されます。このため、「発表者ツール」の使い方も覚えておく必要があります。
　PowerPointには、パソコン単体でも「発表者ツール」の動作を確認できる機能が用意されて
います。画面に「発表者ツール」を表示するときは、以下のように操作します。

［Alt］キーを押しながら［F5］キーを
押してスライドショーを開始します。

［Alt］＋［F5］キーを押す

「発表者ツール」が表示される

パソコンの画面全体に「発表者ツール」が表示されます。

114

28.2 発表者ツールの画面構成

ワンポイント

キーボードを使った操作
キーボードの [→] キーを押して「次のスライド」へ進めることも可能です。また、[←] キーを押すと、「1つ前のスライド」に戻ることができます。

「発表者ツール」は、以下のような構成になっています。スライドショーの操作はステップ23で解説した手順と同じで、マウスのクリックによりスライド表示（またはアニメーション）を進めていきます。「発表者ツール」に用意されているアイコンをクリックして、前後のスライドへ移動することも可能です。「発表者ツール」の右下には、現在のスライドの**ノート**が表示されます。

現在のスライド表示
（外部モニターの表示イメージ）

次のスライドのプレビュー
（次の動作のプレビュー）

ノート
（発表用原稿）

前のスライドへ　　次のスライドへ

ノートの文字サイズの変更

28.3 レーザーポインターの利用

スライドを光点で指しながら発表内容を説明したいときは、**レーザーポインター**を利用すると便利です。レーザーポインターを利用するときは、以下のように操作します。

②これを選択

①クリック

のアイコンをクリックし、「レーザーポインター」をONにします。

スライドにレーザーポインター
の光点が表示されます。マウス
を動かすと、その動きに合わせ
て光点の位置が移動します。

レーザーポインターの光点

　レーザーポインターの利用を途中でやめるときは、✏ から「レーザーポインター」を選択して
OFFにするか、もしくはキーボードの［Esc］キーを押します。

28.4　スライドの一覧表示

　🔲 のアイコンをクリックすると、すべてのスライドを一覧表示できます。この機能は、好き
なスライドへ移動したい場合などに活用できます。

スライド表示をジャンプさせる
ときは 🔲 のアイコンをクリッ
クします。

クリック

外部モニターに表示する
スライドをクリック

「スライドの一覧」が表示され
るので、移動先のスライドをク
リックします。この一覧は「発
表者ツール」だけに表示されま
す。外部モニターに「スライド
の一覧」が表示されることはあ
りません。

28.5　スライドの拡大表示

　スライドの一部を拡大して表示する機能も用意されています。スライドの文字が小さいときは、この機能を使って一時的にスライドを拡大表示するとよいでしょう。

🔍 のアイコンをクリックし、「拡大する範囲」をマウスで指定します。拡大したスライドは、マウスのドラッグで上下左右にスクロールできます。

②「拡大する範囲」を指定

①クリック

28.6　その他の機能

　🖥 のアイコンは、スライドショーを一時的に中断して、外部モニターの画面を黒一色にするときに利用します。もういちど 🖥 をクリックすると、元のスライドショーの表示に戻ります。
　⊙ のアイコンには、以下の図のような項目が用意されています。利用する機会は多くありませんが、念のため確認しておいてください。

演習

（1）ステップ27の演習（2）で保存したファイルを開き、発表者ツールでスライドショーを実行してみましょう。
（2）発表者ツールでレーザーポインターを使用し、スライド上を光点で指し示してみましょう。
　　※動作を確認後、レーザーポインターをOFFにします。
（3）発表者ツールでスライドの一部を拡大表示してみましょう。

Step 29 ヘッダーとフッター

続いては、ヘッダー・フッターの指定方法を解説します。PowerPointでは、配布資料やノートを印刷した「用紙」だけでなく、それぞれの「スライド」にも個別のヘッダー・フッターを指定できます。

29.1 ヘッダー・フッターとは？

用紙の上部にある余白のことを**ヘッダー**、用紙の下部にある余白のことを**フッター**と呼びます。ヘッダー・フッターには、「ファイル名」や「日付」、「作成者」、「ページ番号」などの情報を記すのが一般的です。

もちろん、PowerPointにもヘッダー・フッターを指定する機能が用意されています。ノートや配布資料の印刷レイアウトでは、以下のような情報をヘッダー・フッターに配置できます。

ヘッダー（自由に文字を指定可能）

日付と時刻

フッター（自由に文字を指定可能）

ページ番号

配布資料、ノートのヘッダー・フッター

また、各スライドに**スライド番号**やフッターを指定することも可能です。各スライドには、以下のような情報を配置できます。

スライドのヘッダー・フッター
※各情報が配置される位置は、スライドのデザイン（テーマ）ごとに異なります。

29.2 スライドのヘッダー・フッター

それでは、ヘッダー・フッターを指定するときの操作手順を解説していきます。まずは、スライドのヘッダー・フッターを指定する手順を解説します。

［挿入］タブを選択し、「ヘッダーとフッター」をクリックします。

「ヘッダーとフッター」の設定画面が表示されるので、スライドに表示する情報のチェックをONにします。

この設定画面で「日付と時刻」をONにし、「自動更新」を選択すると、現在の日時がスライドに配置されます。日時の表記は、以下のように指定します。

「自動更新」のすぐ下にあるボックスで「日時の表記方法」を選択します。

日付を令和○○年と記すときは、「カレンダーの種類」に「和暦」を選択します。

自分で日時を指定するときは「固定」を選択し、キーボードから日時を示す文字を入力します。

「固定」を選択した場合は、テキストボックスに入力した日時がそのまま表示（印刷）されます。

「フッター」には自由に文字を指定できます。「フッター」を表示（印刷）するときは、その文字をテキストボックスに入力します。

「フッター」の指定

設定が済んだら［すべてに適用］ボタンをクリックします。これでヘッダー・フッターの指定は完了です。［適用］ボタンをクリックした場合は、現在選択しているスライドだけにヘッダー・フッターが指定されます。

なお、ここで指定した情報はスライドショーにも表示されることに注意してください。これらの情報をスライドショーに表示したくない場合は、すべてのチェックボックスをOFFにしておく必要があります。

現在のスライドだけに適用

すべてのスライドに適用

29.3　ノート、配布資料のヘッダー・フッター

　ノートや配布資料を印刷するときのヘッダー・フッターは、[ノートと配布資料]タブで指定します。この指定手順は、スライドのヘッダー・フッターを指定する場合と同じです。

①このタブを選択

②印刷する情報を指定

③クリック

演習

（1）ステップ27の演習（2）で保存したファイルを開き、配布資料とノートに以下のヘッダー・フッターを指定してみましょう。その後、配布資料「3スライド」の印刷レイアウトを指定し、印刷プレビューを確認してみましょう。

　　・日付と時刻 ・・・・・・・・・・・・・・・・・ 今日の日付（表記：令和○○年○○月○○日）
　　・ページ番号 ・・・・・・・・・・・・・・・・・ あり
　　・ヘッダー ・・・・・・・・・・・・・・・・・・・・・・ 「スマートフォンの現状」という文字を指定

Step 30 数式の入力

最後に、スライドに数式を入力する方法を解説します。PowerPointには、「数式を作成する機能」が用意されているため、理系の論文などで使用する複雑な数式も簡単に入力できます。

30.1 [数式]タブの表示

数式を入力するときは、以下のように操作して[数式]タブのリボンを表示します。

数式を入力する位置にカーソルを移動し、[挿入]タブにある「数式」のアイコンをクリックします。

[数式]タブが選択され、数式の作成に使えるコマンドが表示されます。

30.2 数式の入力手順

　それでは、実際に数式を入力していきましょう。数式を入力するときは、キーボードと［数式］タブを利用します。

［半角／全角］キーを押して、入力モードを「半角英数」に切り替えます。

「半角英数」に切り替える

英数字はキーボードから入力する

アルファベットや数字、＋、＝などの記号は、キーボードから入力します。

　数学ならではの記号は、［数式］タブを使って入力します。たとえば、**分数**を入力するときは、以下のように操作します。

「**分数**」をクリックし、一覧から分数の形式を選択します。

①クリック

②形式を選択

クリックして分母を入力

クリックして分子を入力

分数が挿入され、分子と分母に点線枠が表示されます。この点線枠をクリックして数字や文字を入力していきます。

　このように**点線枠**をクリックして、数式の各所に文字や数字を入力していきます。√（ルート）や∫（積分）、Σ（総和）、行列なども上記と同様の手順で入力できます。

30.3 「かっこ」の入力

数式内で「かっこ」を使用するときは、キーボードから（　）を入力するのではなく、「かっこ」のコマンドを利用します。すると、内部の記述に応じて「かっこのサイズ」が自動的に変化するようになります。

②「かっこ」の種類を選択

「かっこ」の中に分数を入力した例

30.4 記号と特殊文字

キーボードに用意されていない記号などは、「記号と特殊文字」を使って入力します。

「記号と特殊文字」の▽をクリックします。

一覧から記号を選択すると、その記号を「カーソルがある位置」に入力できます。

目的の記号が見つからない場合は、▼をクリックして記号の種類を変更します。

記号の一覧が変更されるので、この中から記号を選択します。

30.5　数式の書式と配置

［ホーム］タブにある （箇条書き）をクリックしてOFFにすると、数式の行頭文字を削除できます。そのほか、**文字サイズ**や**配置**などの**書式を指定する**ことも可能です。

このタブを選択

行間

文字サイズ

箇条書き

配置

先頭に「全角スペース」を挿入

$$f(x) = \frac{5x}{3x+2}\left(\frac{2x-1}{4}\right)$$

「箇条書き」を解除し、
左揃え、行間1.5で配置

30.6　テキストボックスを利用した数式の配置

数式を**テキストボックス**で作成することも可能です。この場合は、「コンテンツの領域」を選択していない状態で、［挿入］タブにある「**数式**」のアイコンをクリックします。好きな位置に数式を配置したいときに活用してください。

$$V(x) = \frac{1}{n}\sum_{i=1}^{n}\{x_i - E(x)\}^2$$

テキストボックスで
作成した数式

演習

（1）「新しいプレゼンテーション」を作成し、**2枚目のスライド**を以下のように作成してみましょう。
※数式はテキストボックスで作成します。
※数式の文字サイズに「32pt」を指定します。

自然対数 ── 「タイトルの領域」に入力

・自然対数の底 ── 「コンテンツの領域」に入力

$$e = \lim_{n\to\infty}\left(1 + \frac{1}{n}\right)^n$$ ── テキストボックスで作成

◆漢字の読み
自然対数、底

索引 Index

ご質問がある場合は・・・

本書の内容についてご質問がある場合は、本書の書名ならびに掲載箇所のページ番号を明記の上、FAX・郵送・Eメールなどの書面にてお送りください（宛先は下記を参照）。電話でのご質問はお断りいたします。また、本書の内容を超えるご質問に関しては、回答を控えさせていただく場合があります。

新刊書籍、執筆陣が講師を務めるセミナーなどをメールでご案内します

登録はこちらから

https://www.cutt.co.jp/ml/entry.php

情報演習 ⑦71

留学生のための
PowerPoint 2021 ワークブック ルビ付き

2023年3月10日　初版第1刷発行

著　者	相澤 裕介
発行人	石塚 勝敏
発　行	株式会社 カットシステム
	〒169-0073 東京都新宿区百人町4-9-7　新宿ユーエストビル8F
	TEL　（03）5348-3850　　FAX　（03）5348-3851
	URL　https://www.cutt.co.jp/
	振替　00130-6-17174
印　刷	シナノ書籍印刷 株式会社

本書に関するご意見、ご質問は小社出版部宛まで文書か、sales@cutt.co.jp 宛に e-mail でお送りください。電話によるお問い合わせはご遠慮ください。また、本書の内容を超えるご質問にはお答えできませんので、あらかじめご了承ください。

Cover design Y. Yamaguchi　　　　　　　Copyright©2023　相澤 裕介
Printed in Japan　ISBN 978-4-87783-857-7

30ステップで基礎から実践へ！

●ステップバイステップ方式で確実な学習効果!!

■ ビュー

■ ベルリン

■ メイン イベント

■ 回路